IHR KRIEGT MICH NICHT!

Mikael Engström

Die Seiten- und Zeilenangaben beziehen sich auf folgende Ausgabe:

Mikael Engström
Taschenbuch
Ihr kriegt mich nicht!
dtv Verlagsgesellschaft
336 Seiten
ISBN 978-3-423-62492-3
Bestell-Nr. TBIhrkriegt

Schülerarbeitsheft

Silke Küsters

Krapp & Gutknecht

Inhaltsverzeichnis

Downloadbereich

Im Downloadbereich findest du Infoseiten und Arbeitsblätter zu den Themen des Romans.

- *Die Brüder Löwenherz* und Astrid Lindgren
- Alkoholabhängigkeit
- Freundschaft
- Aggressionen
- Der Sternenbrunnen und das Messer
- Gesetzesverstöße und Vergehen
- Inobhutnahme

Symbole als Orientierungshilfen

Dieses Schülerarbeitsheft enthält eine Reihe von Symbolen am Rand, die dir helfen sollen, dich besser zurechtzufinden. Nachfolgend findest du eine kurze Erklärung dieser Symbole.

Downloadbereich	**Partnerarbeit**
Leseauftrag	**Figurenseite**
Nutze dein Heft	**Internetrecherche**
Schreibaufgabe	**Kreativaufgabe**
Gruppenarbeit	**Reiseroute (Karte auf S. 64)**

Vorwort

Liebe Schülerin, lieber Schüler,

dieses Buch führt uns in das oft sehr kalte Schweden mit seinen Polarlichtern, einer beeindruckenden Natur und zu besonderen Menschen: Was kann man eigentlich in einem Strömungsbrunnen wirklich sehen, und warum sprechen Bertil und Bengt seit dreißig Jahren kein Wort miteinander? Sehen Sperbereulen hier wie Trolle aus? Lutschen hier alle Mädchen an fremden Ohrläppchen? Dies sind Fragen, die sich nicht nur die Hauptfigur Mik in diesem Roman stellt.

Die Lektüre *Ihr kriegt mich nicht!* von Mikael Engström erzählt auf einfühlsame Weise von Mik, der vor einer Vielzahl von Problemen steht. Neben der Unzufriedenheit mit seinem eigenen Aussehen und Können wächst er bei seinem Vater und großen Bruder in schwierigen Verhältnissen auf. Als die Lage untragbar wird, beginnt für Mik eine Reise durch Schweden zu verschiedenen Familien, aber auch zu sich selbst.

Dieses Schülerarbeitsheft begleitet dich, um Mik und seine Situation besser kennenzulernen und Aufgaben zu üben, wie sie beim Erfassen einer Lektüre im Deutschunterricht erwartet werden. Die Sperbereule wird dir auch im Roman begegnen. Mit ihr lernst du, auf besondere Ereignisse einen genauen Blick zu werfen und markierst und kommentierst während des Lesens selbst in deinem Buch.

Viel Erfolg bei der Suche nach Antworten und ebenso viel Lesefreude auf Miks besonderer Reise wünscht dir

Silke Küsters

Schwungfedern der Sperbereule

Die Sperbereule hilft dir, einen genauen Blick auf die Lektüre zu werfen.

1. Markiere Informationen zu Figur/-en, Ort und Zeitraum farbig.
2. Kennzeichne die fünf Teile des Buches.
3. Markiere Abschnitte über die Handlungsweise der Behörde.
4. Füge Zeichen für wichtige Ereignisse ein: Schlange, Eule, Schwimmen, Alkohol, Papagei & Goldzahn = könnte ein Papagei sein, Messer

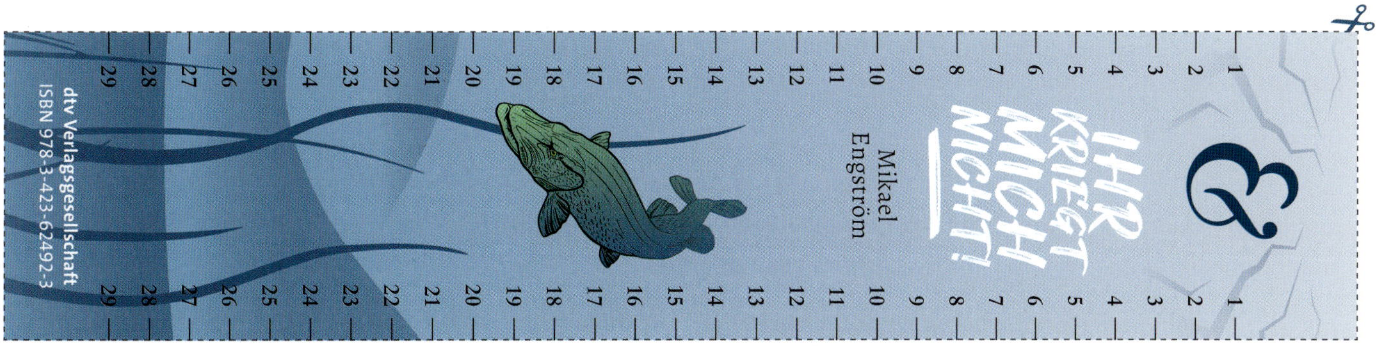

Schneide den Zeilenmesser exakt aus. Wenn du deinen Zeilenmesser laminieren kannst, hast du länger Freude damit.

Vor dem Lesen

➲ **Aufgabe**

Überlege, welche der Antworten deine eigenen Vorlieben am besten treffen.
Kreuze die passende Antwort an.

Ich lese

- ☐ sehr gern.
- ☐ gern.
- ☐ nicht so gern.
- ☐ gar nicht.

Meine Lesezeiten sind

- ☐ jeden Tag oder mehrmals pro Woche.
- ☐ einmal pro Woche.
- ☐ nur manchmal.
- ☐ nie.

Ich habe zu Hause

- ☐ keine Bücher.
- ☐ weniger als 10 Bücher.
- ☐ 10 bis 20 Bücher.
- ☐ ziemlich viele Bücher.

Besonders gern lese ich

- ☐ Comics
- ☐ Krimis
- ☐ Fantasy-Romane
- ☐ Liebesgeschichten
- ☐ Grusel und Horror
- ☐ Sachbücher über Natur und Tiere
- ☐ Sachbücher über Technik
- ☐ oder:

Mir gefallen Bücher besonders gut, die ...

- ☐ spannend
- ☐ lustig
- ☐ gruselig
- ☐ nicht zu dick
- ☐ mit einem tollen Helden oder einer Heldin
- ☐ mit Bildern
- ☐ oder: sind.

Ich lese nicht öfter, weil

- ☐ ich viel für die Schule zu tun habe.
- ☐ mir die Zeit fehlt.
- ☐ ich zu wenig Ruhe habe.
- ☐ ich nicht weiß, was ich lesen soll.
- ☐ Andere Gründe:

Erste Begegnung mit dem Roman

➲ Aufgabe 1

a) Betrachte das Cover, blättere durch das Buch und lies den Klappentext.
b) Zeichne nun deinen Handumriss mittig auf dieses Blatt und schreibe in die Handinnenfläche den Buchtitel *Ihr kriegt mich nicht!*
c) Beantworte nun in jedem Finger jeweils eine Frage:

- Was stelle ich mir unter dem Titel vor?
- Woran denke ich, wenn ich den Namen des Autors lese?
- Was denke ich über die Seitenzahl und die Aufteilung im Buch?
- Was verknüpfe ich mit der Information zum Jugendliteraturpreis?
- Was erwarte ich von diesem Buch?

➲ Aufgabe 2

a) Tausche dich mit einer Partnerin/einem Partner über eure Erwartungen zum Buch aus.
b) Vergleicht auch, welche Bücher ihr in eurer Freizeit lest.

Den Inhalt erschließen und sichern

Notiere während des Lesens zu jedem Kapitel wichtige Informationen und nummeriere die Kapitel sowohl hier vor der Überschrift als auch im Buch durch. Lasse den dritten Teil bei der Nummerierung aus.

Erster Teil – Die Schlange (S. 5–60)

1 Der Stein | S. 7–18

Wer tritt auf: ______________________

Wo spielt die Handlung: ______________________

Was geschieht: ______________________

____

____

Wichtige Beobachtung: ______________________

____

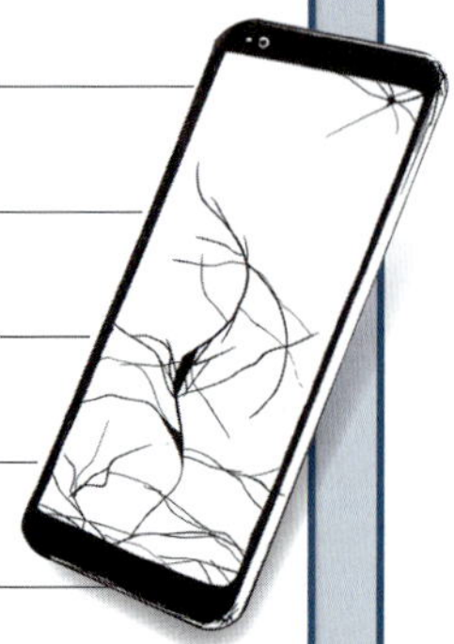

➲ **Aufgabe**

Weißt du, was eine Persenning ist? Schau hinten im Glossar!

a) Lies vom ersten Kapitel die Seiten 7 bis 9 oben.
b) Fülle nun Miks Figurenseite (**S. 60**) schon teilweise aus. Diese wirst du mit der Zeit weiter ergänzen können.
c) Lies nun das gesamte Kapitel. Ergänze die Informationen in der Übersicht oben auf dieser Seite.
d) Wo liegt Hagalund? Sieh auf der Stockholm-Karte (**S. 64**) nach und vermerke den Wohnort Miks.
e) Mik spricht davon, dass er Tengil anrufen könnte. Wer ist Tengil? Lies auf der Infoseite *Die Brüder Löwenherz* im Downloadbereich nach.

____

f) Ergänze die Tabelle mit Zitaten und Stichpunkten während und nach dem Vorfall mit dem Stein.

Mik	Die drei Freunde	Die Obdachlosen	Der Rektor	Frau Lind
Verhalten:	Verhalten:	Verhalten:	Verhalten:	Verhalten:
Haltung:	Haltung:	Haltung:	Haltung:	Haltung:

____ Der Pirat | S. 18–25

Wer tritt auf: ______________________________

Wo spielt die Handlung: ______________________________

Was geschieht: ______________________________

____

____

Wichtige Beobachtung: ______________________________

____

Aufgabe

a) Lies die Seiten 18 bis 25.

b) Ergänze Miks Figurenseite weiter und beginne auch mit der für Tony auf **Seite 61**.

c) Notiere die Informationen zu diesem Kapitel in der Übersicht.

d) Vervollständige den Lückentext:

Als das Telefon zu Hause klingelte, wollte ________ den Hörer abnehmen. Die beiden Brüder ____________, wer anrief. Sie gingen ________________ und mussten nach unten ins Kellergewölbe, vorbei an drei ____________________ . Nach kurzem Suchen fand Tony ihren ____________ . Er war laut rufend ___________________________ und Tony musste ihn wachschütteln, damit er mit nach Hause kam.

SCHREIBAUFGABE 1

Mein großer Bruder/Meine große Schwester

Mik hat mit Tony einen großen Bruder, der sich um vieles kümmert und für ihn da ist. Vielleicht hast du auch einen großen Bruder oder eine große Schwester.

Beschreibe dein Verhältnis zu ihm/zu ihr. Beginne mit den Worten:

Meine große Schwester/mein großer Bruder …

Keine Sorge, dies bleibt vertraulich und muss nicht laut vorgelesen werden. Solltest du keine größeren Geschwister haben, so beschreibe, wie für dich ein großer Bruder/eine große Schwester sein sollte, wenn du einen/eine hättest.

____ Der Schwimmtest | S. 26–39

Wer tritt auf: ______________________________

Wo spielt die Handlung: ______________________________

Was geschieht: ______________________________

____

____

Wichtige Beobachtung: ______________________________

____

➲ Aufgabe

a) Lies die Seiten 26 bis 31.

b) Mik sitzt bei der Schulpsychologin Lisa Nordahl. Weshalb unterhalten die beiden sich?

____

c) Was sind Miks Gedanken und Gefühle bezüglich seines Vaters?

Miks Gedanken und Gefühle

Gedanken

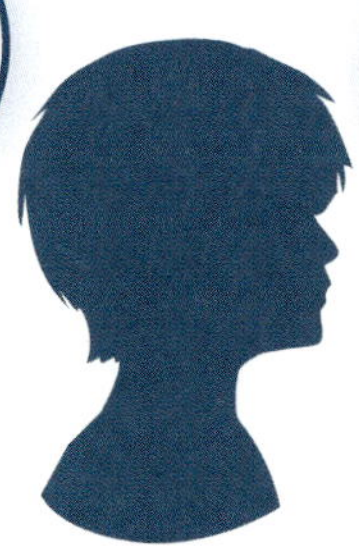

Gefühle

d) Lies die Seite 28 aufmerksam durch und ergänze die Übersicht.

Verhalten des Vaters	Versprechen des Vaters

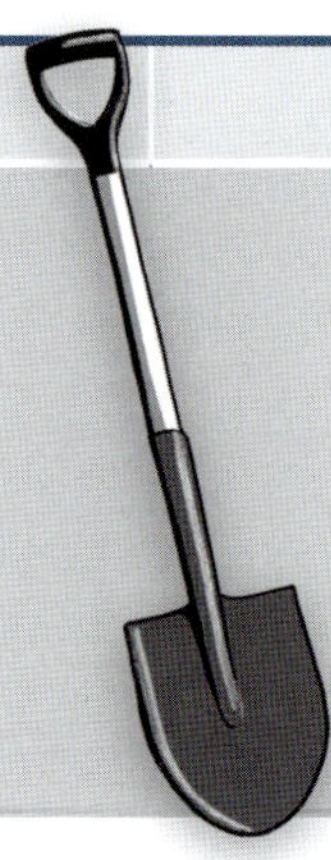

e) Welche Haltung haben beide Brüder zu ihrem Vater? Ergänze dies auf ihren Figurenseiten.

f) Notiere Miks Erinnerungen an seine Mama.

Mamas letzter Ausflug auf den Rummelplatz:

g) Lies das restliche Kapitel.

h) Notiere Gründe, weshalb Mik nicht zugibt, dass er nicht schwimmen kann, aber trotzdem ins Wasser springt.

Manche Illustrationen kannst du ausmalen!

i) Mik wurde schon früher danach gefragt, ob er schwimmen kann. Von wem?

j) Warum schwindelt Mik, woher seine blauen Flecken kommen, und erzählt nichts vom Boxen mit seinem Bruder?

k) Bewerte selbst den Umgang der beiden Brüder miteinander:

l) Was könnte am Verhalten der beiden problematisch werden? Begründe deine Vermutung.

____ Die Schlange Einsamkeit | S. 39–45

Wer tritt auf: ______________________

Wo spielt die Handlung: ______________________

Was geschieht: ______________________

____

____

Wichtige Beobachtung: ______________________

____

Aufgabe

a) Lies die Seiten 39 bis 42 durch.

b) Was meint die Tabaksfrau mit der Wahl, die man immer habe und über die man entscheide? Tausche dich mit deiner Partnerin/deinem Partner aus:

Miks Wahlmöglichkeit:	Miks Verpflichtungen:

c) Betrachte das Gespräch von Mik und Tony.
Wähle passende Begriffe aus und ordne sie den beiden Brüdern zu.

Wörterbox

genervt – ängstlich – besorgt – wütend – eingeschüchtert – verunsichert – zornig – traurig – versöhnend – verachtend – vermittelnd – aufbrausend – ablenkend – hilflos – verärgert – schroff – rücksichtslos– naiv – ablehnend – verzweifelt – unfreundlich – bestimmt – schonungslos

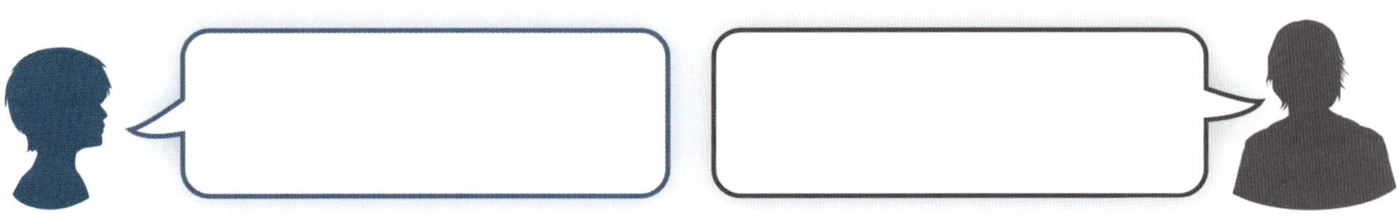

d) Weshalb möchte Mik mit Tony boxen, während der Vater zu Hause betrunken auf dem Küchenboden liegt?

____

____

e) Lies die Seiten 43 bis 45 und ergänze nun die Übersicht auf **Seite 10** oben.

f) Mik versucht, seinem Vater zu helfen, während dieser auf dem Boden liegt.
Er zeigt sich dabei fürsorglich. Recherchiere den Begriff „Fürsorge“ und suche nach Synonymen.

g) Finde auch heraus, wer wem zur Fürsorge verpflichtet ist.

Ein Arbeitsblatt zur Schlange Einsamkeit findest du auf Seite 59.

h) Man kann behaupten, Miks Welt ist eine verkehrte Welt. Erkläre.

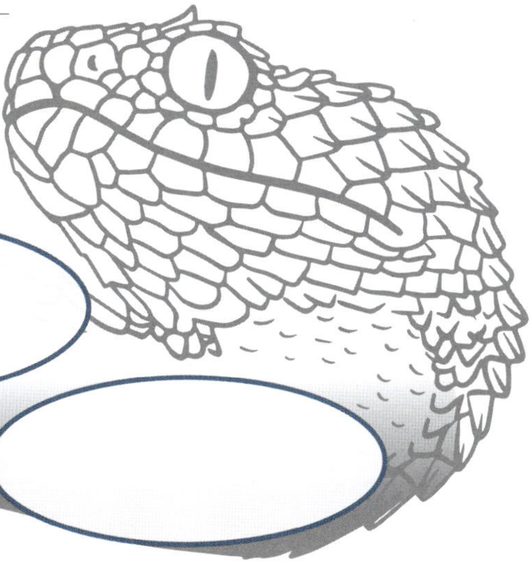

i) Mik ist mit seinem hilflosen und betrunkenen Vater allein.
Notiere, welche Gefühle dies in ihm auslöst.

Miks Gefühle

j) Lies dir den Text *Alkoholabhängigkeit* im Downloadbereich durch und vergleiche die dort beschriebenen Anzeichen mit denen von Miks Vater.

Anzeichen von Alkoholsucht	Anzeichen bei Miks Vater

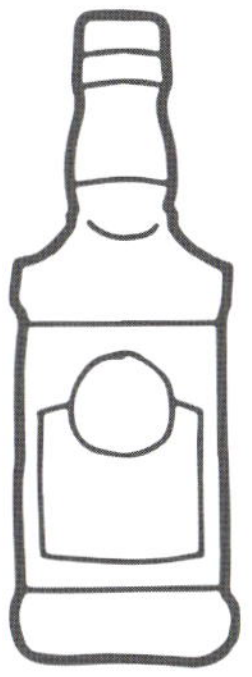

____ Fremde Leute | S. 46–60

Wer tritt auf: ____

Wo spielt die Handlung: ____

Was geschieht: ____

Wichtige Beobachtung: ____

Aufgabe

a) Lies zunächst die Seiten 46 bis 50 durch.

b) Mik besucht mit der Klasse das Museum und verliert dort den Anschluss. Welche Entdeckungen macht er dort?

SCHREIBAUFGABE 2 – Miks innerer Monolog

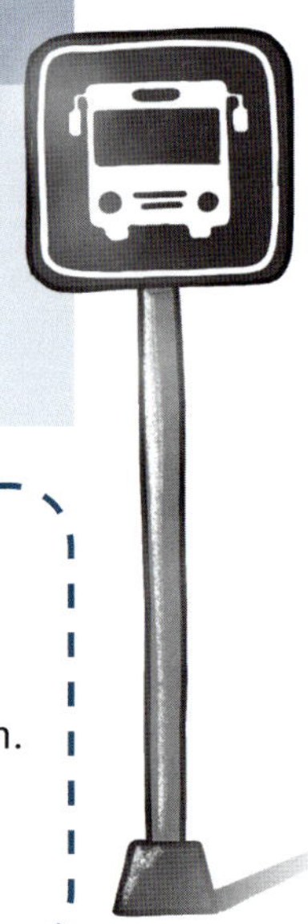

Die peinliche Busfahrt

Der Nachhauseweg mit der Klasse im Bus wird zu Miks peinlichstem Moment. Versetze dich in seine Lage und notiere diesen Gedankenstrom. Bedenke, was Mik in dieser Situation denken, fühlen und hören kann.

Schreibe Miks inneren Monolog – gehe dazu wie folgt vor:

1. Lies die Textstelle nochmals genau nach (Seite 51 bis Seite 53 Zeile 20).
2. Lege anschließend eine Mindmap/Stoffsammlung für diesen inneren Monolog an.
3. Schreibe nun seine Gedanken während dieser Fahrt auf. Auf **S. 18** findest du Tipps zum Schreiben eines inneren Monologs.

c) Lies das Kapitel fertig und ergänze nun die Informationen in der Übersicht auf **Seite 12**.

d) Mik beobachtet, dass Tony von der Polizei mitgenommen wird.
Welche Vermutung hast du darüber? Tausche dich mit einer Partnerin/einem Partner aus.

____

____

e) Wieder liegt Miks Vater betrunken zu Hause, doch diesmal geht Mik an die Tür und macht auf, als es klingelt. Warum?

____

f) Die fremden Leute:
Kreuze richtige Aussagen an. Streiche die falschen durch und verbessere sie in deinem Heft.

- ☐ Sie verschaffen sich gegen Miks Willen Zutritt in die Wohnung.
- ☐ Die fremden Leute kommen vom Sozialamt.
- ☐ Sie rufen die Polizei.
- ☐ Mik sagt den fremden Leuten, dass sein Vater auf einer Reise sei.
- ☐ Kent und Linda versprechen, ihm und seinem Vater zu helfen.
- ☐ Der Vater wird von der Polizei mitgenommen.
- ☐ Mik muss in ein Heim, weil er nicht allein bleiben darf.
- ☐ Mik schaut ein altes Video: *Die Brüder Löwenherz*.

g) Lies die Informationen zu *Die Brüder Löwenherz* im Downloadbereich.
Überlege nun, weshalb Mik diesen Film schon hundertmal gesehen hat und warum er ihn gerade in diesem Moment wieder anschaut.

____

____

____

h) Weshalb lassen die beiden vom Sozialamt Mik allein in der Wohnung zurück?
Was wollen sie damit vielleicht erreichen?

____

____

i) Informiere dich über den Begriff *Inobhutnahme* im Downloadbereich.
Wann greift bei uns das Amt in dieser Art bei Familien ein?

____

____

____

Figurenkonstellation zum ersten Teil – Die Schlange

➲ **Aufgabe** Ergänze die Figurenkonstellation und beschrifte die Pfeile und Figuren mit weiteren Informationen. Zwei Beispiele sind bereits eingetragen.

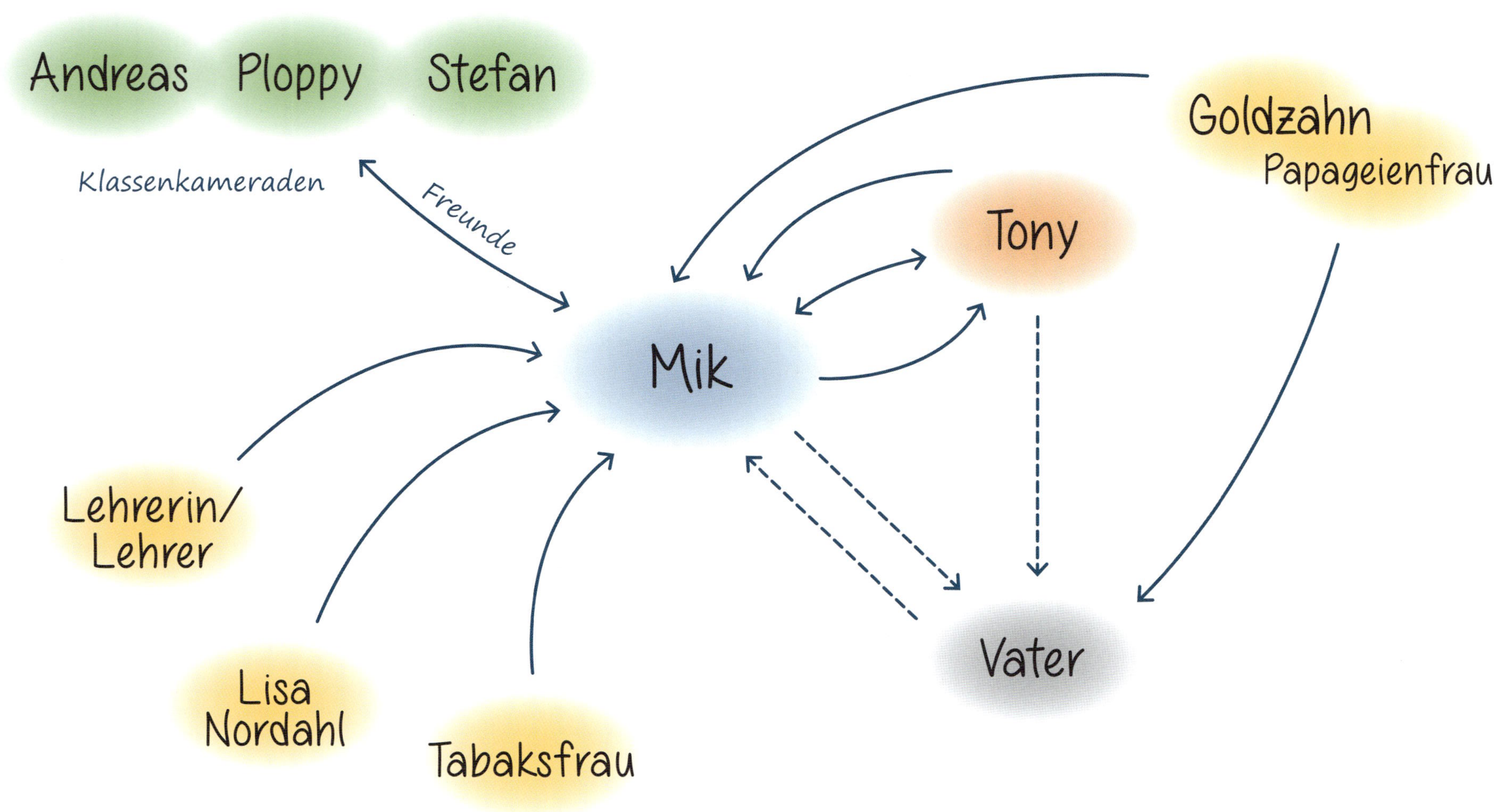

Zweiter Teil – Das Eisland (S. 61–172)

____ Die Reise | S. 63–72

Wer tritt auf: ______________________________

Wo spielt die Handlung: ______________________________

Was geschieht: ______________________________

____

____

____

Wichtige Beobachtung: ______________________________

____

____

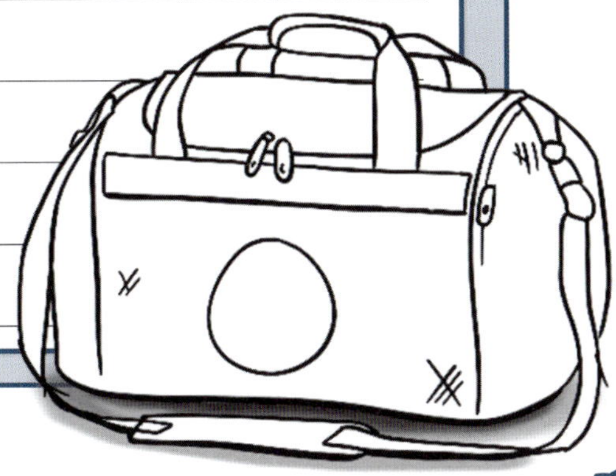

➲ Aufgabe

a) Lies zunächst die Seiten 63 bis 67, Zeile 2.

b) Mik beginnt seine Reise. Zeichne auf der Landkarte (**S. 64** in diesem Heft) Solna als Startpunkt seiner Fahrt ein und den Zwischenstopp, der auf Seite 65 im Buch erwähnt wird.

c) Auf der Fahrt zum Busbahnhof erklärt die Papageienfrau Mik seine Situation. Vervollständige ihre Aussage von Seite 64 im Buch in der Sprechblase und schreibe Miks Wünsche in eigenen Worten in die Gedankenblase.

„»Laut Sozialgesetzbuch ______________________________

____

____

____

____

______________________________ .«“

Papageienfrau

Miks Wünsche

d) Wie verändert sich die Landschaft auf dem Weg zu seiner Tante Lena?
Zeichne, was Mik aus seinem Busfenster sieht, je näher er seinem Ziel kommt.

e) Mik fährt in Turnschuhen und mit einer kleinen Tasche zu seiner Tante. Was ist daran gleich bei der Ankunft problematisch?

f) Erstelle eine Kofferpackliste, was Mik im Gepäck haben müsste, um in Selet zurechtzukommen.

g) Lies das restliche Kapitel und ergänze die Informationen in der Übersicht auf **Seite 15**. Denke daran, weiterhin die Kapitelnummern hier und im Buch einzutragen.

h) Stell dir vor, du hättest ein Haustier und es wäre vermisst. Gestalte auf dem Anschlagbrett (↓) eine Vermisstenanzeige.

i) Welche Vermutung hast du, was es mit den vielen verschwundenen Katzen auf sich hat?

___ Die Sperbereule | S. 73–84

Wer tritt auf: ______________________________

Wo spielt die Handlung: ______________________________

Was geschieht: ______________________________

____

____

Wichtige Beobachtung: ______________________________

____

Aufgabe

a) Lies das siebte Kapitel durch und ergänze die Übersicht.

b) Mik ist nun in Selet bei Tante Lena angekommen.
Markiere auch diese Stadt in der Landkarte auf **S. 64**.

c) Worin unterscheiden sich ein ICA- und ein Konsum-Mensch?
Recherchiere vorher, was ein ICA-Markt und was ein Konsum-Markt ist.

ICA

Der ICA-Mensch:

Konsum

Der Konsum-Mensch:

d) Bei Tante Lena sieht Mik im Baum eine Sperbereule. Für ihn sieht dieser Vogel eher wie ein Troll aus. Male diesen „Troll", den Mik aus seinem Fenster sieht.

SCHREIBAUFGABE 3 – Miks innerer Monolog

Die erste Nacht in Selet

Lies dir das Ende von Kapitel 7 (S. 84) nochmals durch, als Lena ihm Gute Nacht sagt.

Aufgabe
Mik blieb zunächst noch eine Weile ruhig unter der schweren Decke im Bett liegen und dachte über sein neues Umfeld nach: über Tante Lena, die Sperbereule und die beiden alten Männer. Und morgen sollte er doch in die Schule!

Doch dann musste er auch an Vater und Tony denken. Wie es Tony nun wohl ging? Kam er alleine zurecht? Wusste sein großer Bruder überhaupt, wo Mik ist?

Seine Gedanken überschlugen sich förmlich, als er am Fenster saß und nach der Sperbereule Ausschau hielt.

Schreibe Miks inneren Monolog – gehe dazu wie folgt vor:

1. Lies die Textstelle nochmals genau nach.
2. Unterstreiche in der Aufgabenstellung Schlüsselbegriffe.
3. Lege anschließend eine *Mindmap/Stoffsammlung* für diesen Gedankenstrom an.

Aufsatzform Innerer Monolog
- Schauplatz/Einstiegssituation
- Einleitung – Hauptteil – Schluss (E – HT – S)
- gedankliche Sprünge, Sätze abbrechen, Auslassungszeichen, Fragen, Gedankenstriche
- Ausstiegssituation

4. Schreibe nun den inneren Monolog. Verwende dafür eine ganze DIN-A4-Seite und beachte die *äußere Form deines inneren Gedankenstroms*.

____ Neu in der Schule | S. 85–94

Wer tritt auf: ______________________________

Wo spielt die Handlung: ______________________________

Was geschieht: ______________________________

____

____

Wichtige Beobachtung: ______________________________

____

Aufgabe

a) Lies das Kapitel und ergänze die Übersicht.

b) Mik muss sich seiner neuen Klasse vorstellen. Was sagt er und weshalb macht er dies? Gib die Textstelle mit an.

____

____

c) In der Pause wird Mik von Pi und seinen anderen neuen Klassenkameraden angesprochen. Überlege, was Mik durch den Kopf geht, und was er laut den anderen gegenüber ausspricht.

d) Als Pi an Miks Ohrläppchen saugt, wird er ohnmächtig. Erkläre, wie es dazu kommen konnte, und weshalb er zunächst ganz still liegen bleibt.

____

____

____

____

____ Der Pillenmörder | S. 94–104

Wer tritt auf: ______________________________

Wo spielt die Handlung: ______________________________

Was geschieht: ______________________________

____

____

Wichtige Beobachtung: ______________________________

____

➲ **Aufgabe**

a) Lies dir die Seiten 94 bis 104 durch und vervollständige die Übersicht.

b) Mik wird von Tante Lena gebeten, Bertil und Bengt ihre Medikamente zu bringen. Beschreibe die beiden Männer genauer und überlege, weshalb es Mik so schwerfällt, die Dosierschachteln nicht zu vertauschen.

Zum Verwechseln ähnlich ...

B ____________

____

B ____________

____

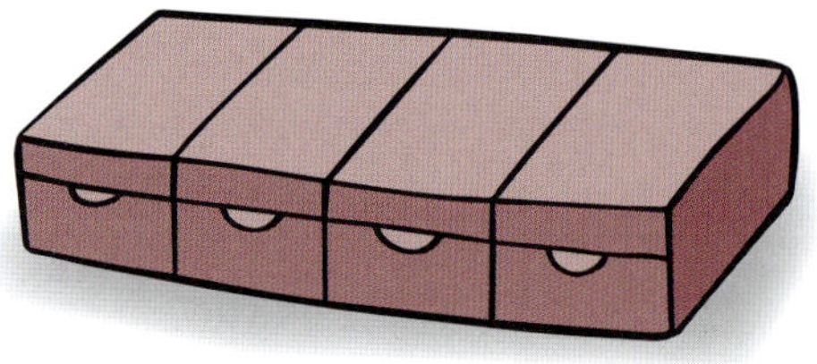

Weshalb es so schwerfällt, die Pillenschachteln nicht zu vertauschen: ______________________________

____

____

____ Die Katzenfabrik | S. 104–117

Wer tritt auf: ______________________

Wo spielt die Handlung: ______________________

Was geschieht: ______________________

____

____

Wichtige Beobachtung: ______________________

____

Aufgabe

a) Lies das Kapitel und ergänze die Übersicht.

b) Recherchiere, was der sogenannte Luziakuchen ist und zu welchem Anlass man diesen in Schweden verzehrt.

Tipp: In Schweden ist er unter dem Namen Lussekatt bekannt.

c) Finde ein Rezept für Lussekatt und schreibe es in dein Heft. Probiere es aus, wenn du magst.

d) Mik lernt die Katzenfabrik kennen. Beschreibe, was es damit auf sich hat.

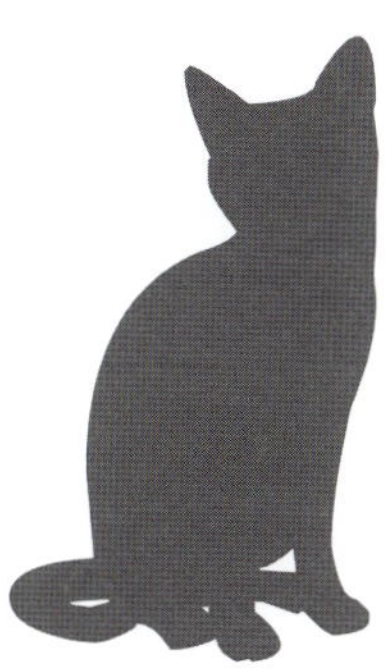

e) Überlege, was Mik sich zu Weihnachten wünschen könnte, und gestalte in deinem Heft eine Wunschliste.

f) Beginne, die Figurenseite von Pi im Heft auf **Seite 63** auszufüllen. Manches kannst du auch hier erst später ergänzen.

____ Der Sternenbrunnen | S. 118–129

Wer tritt auf: ______________________________

Wo spielt die Handlung: ______________________________

Was geschieht: ______________________________

____

____

Wichtige Beobachtung: ______________________________

____

Aufgabe

a) Lies dir zunächst das Kapitel durch und vervollständige die Übersicht.

b) Wenn es kein Wal ist, der im Selet singt, wie kann man sich dann das erklären, was Mik dort hört?

____

____

c) Lies die Info über die *Sirenen der griechischen Mythologie* und notiere dir eine kurze Erklärung.

____

____

____

d) Welcher Gefahr ist Mik an dieser Stelle ausgesetzt und was hat das vielleicht mit den Sirenen zu tun?

____

____

____

Sirenen

Sirenen sind Fabelwesen aus der griechischen Mythologie. Sie sehen aus wie eine Mischung aus Frau und Vogel oder Fisch. Mit ihrem Gesang oder ihren Worten versuchen sie von den Klippenfelsen aus, Seefahrer auf ihre Insel zu locken, von der diese nicht mehr herunterkommen können. Der Sage nach war der berühmte griechische Seefahrer Odysseus so neugierig auf ihren Gesang, dass er sich an den Mast seines Schiffes binden ließ. Die Ohren seiner Mannschaft wurden mit Wachs versiegelt, sodass sie nichts hören konnten. Dieser Trick ermöglichte es Odysseus, den Sirenen zu lauschen, ohne dafür sein Leben zu riskieren.

e) Mik bekommt ein Messer geschenkt und muss etwas versprechen. Erkläre seine Situation.

____

____

____

SCHREIBAUFGABE 4 – Miks Tagebucheintrag

Der Sternenbrunnen

Lies dir die Textstellen auf den Seiten 123, Zeile 22 bis Seite 126, Zeile 11 gründlich durch.

Aufgabe

Stelle dir vor, Mik würde ein Tagebuch führen. Was würde er wohl nach den Ereignissen an diesem Tag hineinschreiben? Denke dabei auch an sein Versprechen, das er Bengt gab.

Lege zur Stoffsammlung zunächst eine Mindmap anhand der Aufgabenstellung an.

Schreibe Miks Tagebucheintrag und berücksichtige dabei die Aufsatzform Tagebuch.

Aufsatzform Tagebucheintrag

- Ort/Datum
- Anrede
- E – HT – S
- Absender
- Gedanken/Gefühle/ bleibt GEHEIM/völlig frei von Reaktionen/ Gedankensprünge/...

f) Tante Lena liest Miks Wunschzettel. Was könnte ihr danach durch den Kopf gehen? Schreibe ihre Gedanken auf:

____ Mut und Angst | S. 130–136

Wer tritt auf: ____________________

Wo spielt die Handlung: ____________________

Was geschieht: ____________________

____

____

Wichtige Beobachtung: ____________________

____

Aufgabe

a) Lies das Kapitel und ergänze die Übersicht.

b) Mik fühlt sich zunehmend wohl bei seiner Tante. Mache eine Liste, was er nicht von seinem früheren Leben vermisst. Einen Teil davon nennt er auf S. 132. Finde weitere gute Gründe.

____

____

____

____

c) Mik ist es besonders wichtig, Pi zu zeigen, dass er mutig ist.
Zeichne einen Comic zu dem Besuch in Marias Haus.

____ Ein Brief an Tony | S. 136–141

Wer tritt auf: ______________________________

Wo spielt die Handlung: ______________________________

Was geschieht: ______________________________

____

____

Wichtige Beobachtung: ______________________________

____

Aufgabe

a) Lies das Kapitel und ergänze die Übersicht.

b) Lies dir Miks Brief an Tony auf den Seiten 138–140 durch. Versetze dich in Tonys Lage, wenn er diesen Brief gelesen hat, und ergänze die Felder.

Gefühle von Tony

Gedanken von Tony

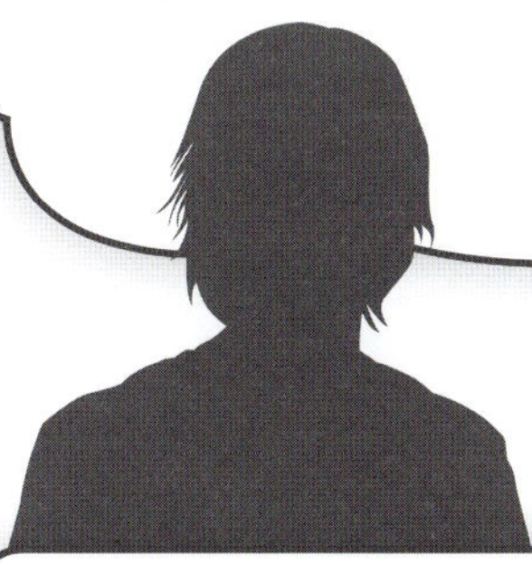

Mögliche Antworten von Tony: ______________________________

____

____

____

____

____ Der Weihnachtsmann riecht nach Hecht | S. 141–155

Wer tritt auf: ____________________

Wo spielt die Handlung: ____________________

Was geschieht: ____________________

____

____

Wichtige Beobachtung: ____________________

____

Aufgabe

a) Lies das Kapitel und vervollständige die Übersicht.

b) Tante Lena mag Weihnachten aus gutem Grund nicht. Überlege, welches Bild Mik nun von seinem Vater hat.

Vater früher	**Vater heute**

c) Vor welcher Überlegung zu seiner eigenen Situation kann Mik jetzt stehen, nachdem er die Geschichte von Tante Lena weiß?

____

____

____

d) Mik hatte nur einen Wunsch auf seiner Liste, doch was hat er stattdessen bekommen? Zähle seine Geschenke und neuen Erkenntnisse auf.

____

____

____

e) Begründe, weshalb Mik bei Tante Lena bleiben möchte.

____

____

____

____ Die Eisdrachen | S. 155–163

Wer tritt auf: ____________________

Wo spielt die Handlung: ____________________

Was geschieht: ____________________

____

____

Wichtige Beobachtung: ____________________

____

Aufgabe

a) Lies zunächst dieses Kapitel und ergänze die Übersicht.

b) Informiere dich über das Eisfischen und notiere Stichworte.
z. B. auf https://www.stenaline.de/angeln-in-schweden/eisangeln

____

____

c) Beschreibe Miks Auftrag, den er für Bengt erledigt.

____

____

____

d) Warum Mik alle angelogen hat, kann man vermuten.
Aber warum macht er so etwas Gefährliches?

____

____

____

e) Mik denkt über Brüder nach und vergleicht. Notiere seine Gedanken.

Mik & Tony

Bertil & Bengt

____ Ein Eisball ins Auge | S. 163–172

Wer tritt auf: ______________________

Wo spielt die Handlung: ______________________

Was geschieht: ______________________

____

____

Wichtige Beobachtung: ______________________

____

Aufgabe

a) Beantworte die W-Fragen nach dem Lesen des Kapitels.

b) **Recht und Unrecht:** Lies die Infoseite *Gesetzesverstöße und Vergehen* im Downloadbereich und liste auf, gegen welche Gesetze die Freunde mit ihrer Katzenfabrik verstoßen.

____

____

c) Lena hat mit sämtlichen Katzenbesitzern gesprochen und sich für die Kinder entschuldigt: Was verändert sich dadurch für Mik? Beschreibe.

____

____

SCHREIBAUFGABE 5 – Miks Tagebucheintrag

Dinge ändern sich

Lies Seite 167, Zeile 1 bis Seite 169, Zeile 24 im Kapitel 16 gründlich durch.

Aufgabe

Mik hat zu Weihnachten von Pi ein Tagebuch geschenkt bekommen. Doch seit Weihnachten ist viel passiert!

> Auch dieser Schultag mit der „Gruppenarbeit" war einfach zu viel! Mik hat Probleme und muss einiges befürchten. Er vertraut seine Ängste, seine Wut und seinen Kummer seinem Tagebuch an. Also schreibt er nun in dieses neue Tagebuch, statt nach Hause zu Lena zu gehen. *(Textstelle verändert)*

Schreibe Miks Tagebucheintrag. Erstelle hierzu zunächst eine Stoffsammlung/Mindmap und beachte die Form eines Tagebucheintrages.

SCHREIBAUFGABE 6 – Miks Brief an Pi

Der Sternenbrunnen

Lies die Textstelle Seite 170, Zeile 15 bis Seite 172 Zeile. 6 nochmal genau nach.

Aufgabe

Mik gelingt es, noch etwas Zeit rauszuschlagen, ehe er zurück zum Vater geht. So darf er nochmals in sein Zimmer und schreibt nun Pi einen Brief, in dem er versucht, seine Situation und seine Gefühle zu erklären. *(Textstelle verändert)*

Bedenke, was Mik in dieser Situation an Pi schreiben könnte, während Goldzahn und Papageienfrau draußen warten und Lena weinend in der Küche sitzt.

Schreibe Miks Brief an Pi – gehe dazu wie folgt vor:

1. Lies die Textstelle nochmals genau nach.
2. Lege anschließend eine *Mindmap/Stoffsammlung* für diesen Brief an. Das Beispiel kann dir helfen, du kannst sie aber auch anders aufbauen. Berücksichtige, was alles passiert ist, und denk an Miks Beziehung zu Tante Lena, Pi und seinen Freunden.
3. Schreibe nun den Brief. Verwende dafür eine ganze DIN-A4-Seite und beachte die äußere Form deines Briefes.

Aufsatzform Brief
- Ort, Datum
- Anrede
- E – HT – S
- Grußformel
- Unterschrift
- PS

SCHREIBAUFGABE 7 – Eine Nachricht für Lenas Bruder

Lies die Textstelle Seite 171, Zeile 19 bis Seite 172, Zeile 6 nochmals genau nach.

Aufgabe

Noch immer ist Lena wie gelähmt von den Ereignissen. Sie macht sich große Sorgen um Mik, da sie aus eigener Erfahrung weiß, wie schwer es ist, wenn man alkoholkrank ist und die einfachsten Dinge einen im Alltag überfordern können.

So beschließt sie, ihrem Bruder einen Brief zu schreiben, in dem sie ihm ihre Unterstützung anbietet und ihm auch Mut zusprechen will, damit er für seinen Sohn tapfer ist und nicht mehr trinkt. *(Textstelle verändert)*

Bedenke, was Lena in dieser Situation an Miks Vater schreiben könnte, nachdem Goldzahn und Papageienfrau Mik mitgenommen haben.

Schreibe Lenas Brief an ihren Bruder.

Figurenkonstellation zum zweiten Teil – Das Eisland

➲ **Aufgabe** Ergänze die Figurenkonstellation.

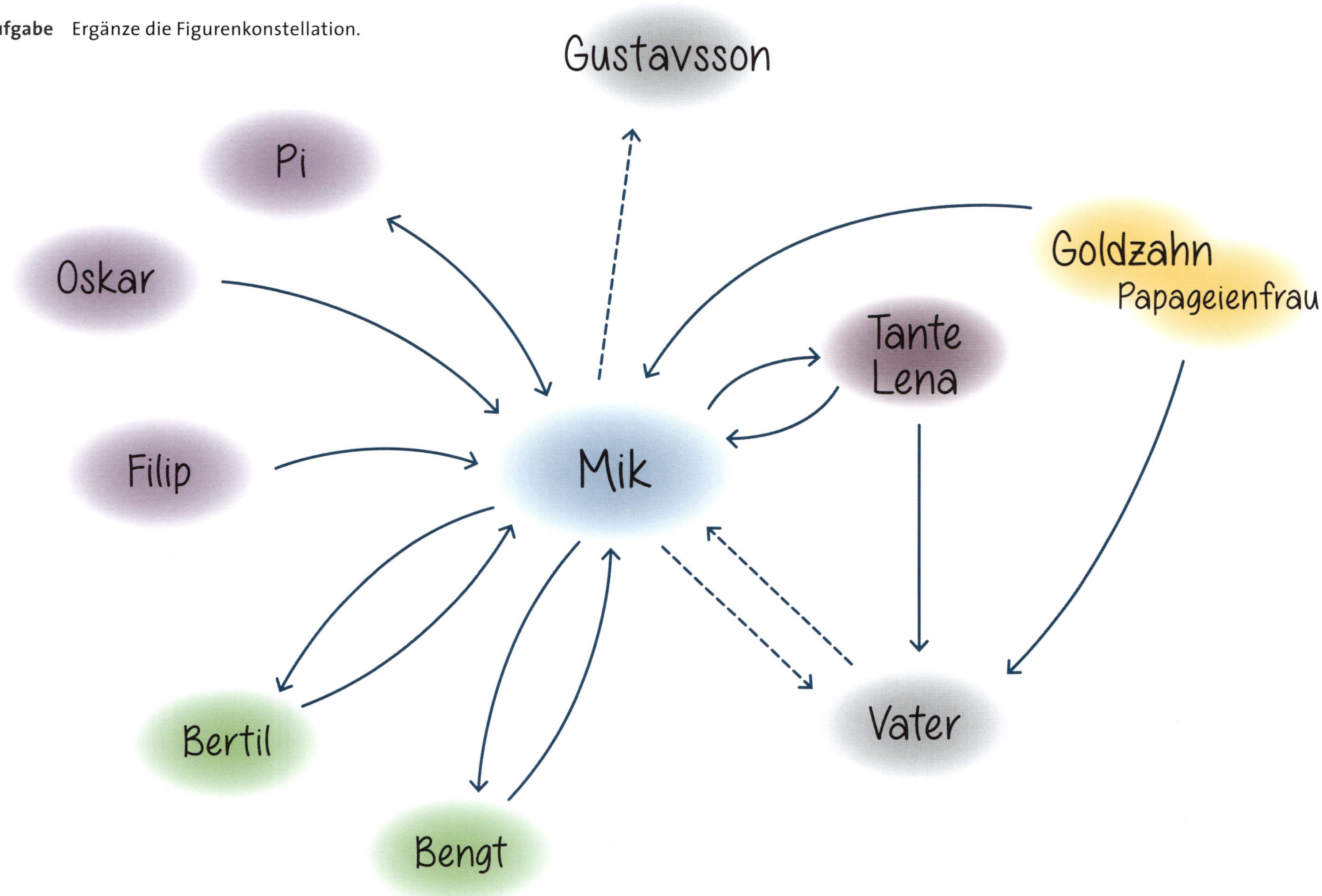

Dritter Teil – Das Zombiebuch (S.173–192)

Zombiebuch vom 8.3. bis 13.6. | S.175–192

Mik ist zurück bei seinem Vater. Hier schreibt er nun regelmäßig in sein „Zombiebuch“. Dieses Buch hat er von Pi zu Weihnachten geschenkt bekommen.

Beachte: Hier setzt deine Nummerierung der Kapitel aus und setzt bei Teil 4 wieder ein.

Aufgabe 1

a) Lies Miks Zombiebuch auf den Seiten 175–192 durch.

b) Notiere zu jedem Eintrag in das Zombiebuch ein bis zwei Stichworte, mit denen du den Inhalt des jeweiligen Tages zusammenfasst:

08.03.	
11.03.	
15.03.	
21.03.	
25.03.	
27.03.	
02.04.	
03.04.	
07.04.	
12.04.	
14.04.	
15.04.	
17.04.	
18.04.	
19.04.	
19.04.	
24.04.	
25.04.	
04.05.	
06.05.	
07.05.	
08.05.	
11.05.	
12.05.	
13.05.	
17.05.	

18.05.	
19.05.	
25.05.	
26.05.	
27.05.	
28.05.	
02.06.	
03.06.	
04.06.	
06.06.	
13.06.	

Aufgabe 2

a) Warum wird hier der Roman nicht in der üblichen Erzählweise fortgeführt, sondern in Form von Zombiebuch-Einträgen?

b) Erkläre die Bedeutung des Begriffs „Zombiebuch“, in dem du dich auf einzelne Textstellen des Tagebuchs beziehst:

c) Zeichne einen Zombie, der zur Beschreibung des Eintrags im Zombiebuch vom 06.05. passt.

Figurenkonstellation zum dritten Teil – Das Zombiebuch

➲ **Aufgabe** Ergänze die Figurenkonstellation.

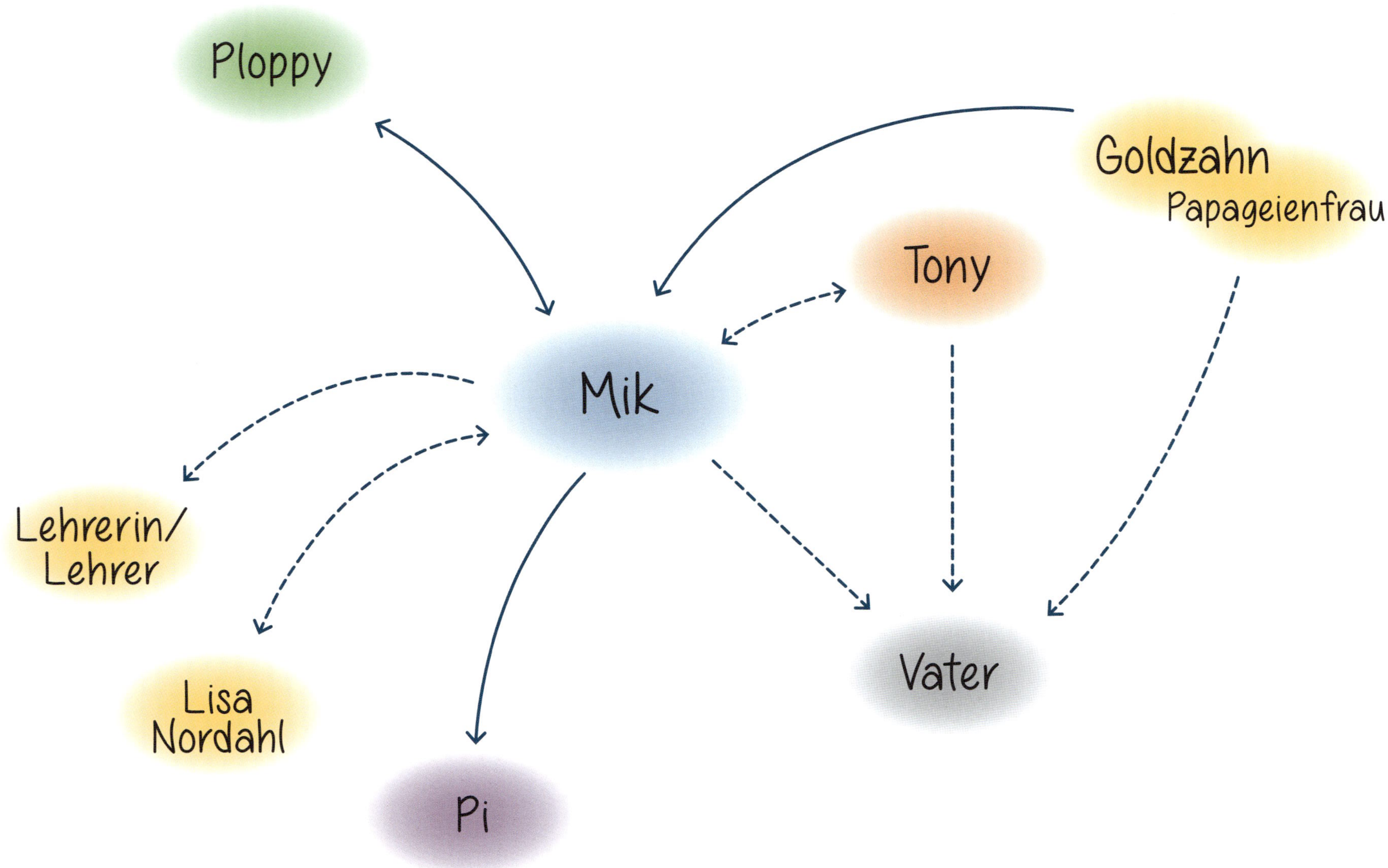

Vierter Teil – Die Plagegeister (S. 193–246)

____ Neue Eltern | S. 195–203

Wer tritt auf: ____________________

Wo spielt die Handlung: ____________________

Was geschieht: ____________________

____

____

Wichtige Beobachtung: ____________________

____

➲ **Aufgabe**

a) Lies dieses Kapitel und ergänze die Übersicht.

b) Mik ist bei der neuen Familie angekommen.
Welchen Eindruck hast du vom Umfeld und der neuen Familie?

____

____

____

c) Eva nimmt Mik das Kissen weg – was könnte ihm da durch den Kopf gehen?

____ Eingesperrt mit einem Nachttopf | S. 203–209

Wer tritt auf: ____________________

Wo spielt die Handlung: ____________________

Was geschieht: ____________________

____

____

Wichtige Beobachtung: ____________________

____

Aufgabe

a) Beantworte die W-Fragen nach dem Lesen der Seiten 203 bis 209.

b) Was meint Mik damit, dass er in der Hölle angekommen ist?

____

____

____

c) Mik macht sich in die Hose – erkläre, warum es dazu kommt.

____

____

____

d) Erstelle eine Liste mit Miks verzweifelten Wünschen.

____ Der Hundefütterer | S. 209–213

Wer tritt auf: ______________________________

Wo spielt die Handlung: ______________________________

Was geschieht: ______________________________

____

____

Wichtige Beobachtung: ______________________________

____

Aufgabe

a) Ergänze die Übersicht zu diesem Kapitel.

b) Mik macht eine entscheidende Beobachtung beim Füttern im Hundehaus. Beschreibe diese.

____

____

____

SCHREIBAUFGABE 8 – Dein Brief an Mik

Lies Seite 212, Zeile 14 bis Seite 213, Zeile 24 nochmals genau.

Aufgabe

Mik hat Tony einen Brief geschrieben. Überlege dir, was DU ihm antworten würdest anstelle von Tony. Schreibe DEINEN Brief an Mik.

Mein Brief an Mik

____ Der König der Hundescheiße | S. 214–221

Wer tritt auf: ______________________________

Wo spielt die Handlung: ______________________________

Was geschieht: ______________________________

____

____

Wichtige Beobachtung: ______________________________

____

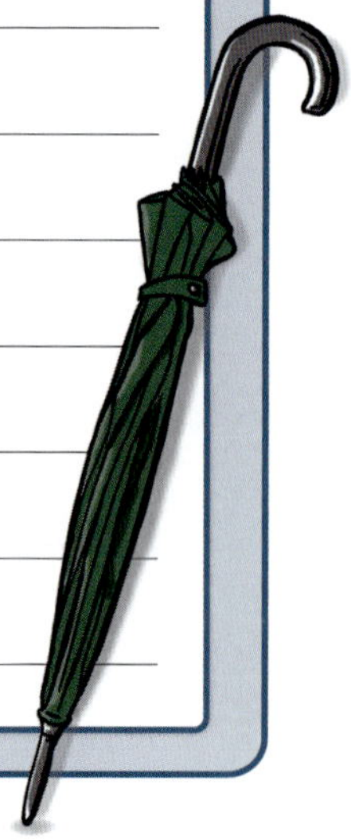

➲ Aufgabe

a) Lies dir die Seiten aufmerksam durch und erarbeite die W-Fragen.

b) Von Grütze wird es Mik schlecht – das beschert ihm im Anschluss sehr viel Ärger. Beschreibe diesen Tag von Mik in Stichpunkten.

____

____

____

____

c) Mik träumt im Kanu – an wen erinnert er sich dabei? Male ein Bild zu Miks Träumen.

d) Mik hat erneut an Tony geschrieben. Wie geht es ihm, was wird in seinem Brief an seinen Bruder deutlich?

____

____

____ Hat Michael Rockefeller in die Hose gepinkelt? | S. 222–227

Wer tritt auf: ______________________________

Wo spielt die Handlung: ______________________________

Was geschieht: ______________________________

____

____

Wichtige Beobachtung: ______________________________

____

Aufgabe

a) Beantworte nach aufmerksamem Lesen die obenstehenden Fragen.

b) Mik hat nun erkannt, dass die Hunde die normalsten Wesen bei den Plagegeistern sind. Welche Feststellungen macht er über Hunde und was hat sich für ihn geändert?

____

____

____

c) Niklas zeigt mehrfach, dass er nicht nett zu Mik ist. Sammle in einer Liste seine Aktionen gegen Mik und überlege, wie dieser sich davor schützen könnte.

Aktionen von Niklas	Möglicher Schutz

d) Mik muss nun häufig an seine Familie denken, besonders an seine Mama. Lege eine Mindmap nach folgendem Beispiel in deinem Schreibheft an und sammle, was Mik gerade belastet/beschäftigt:

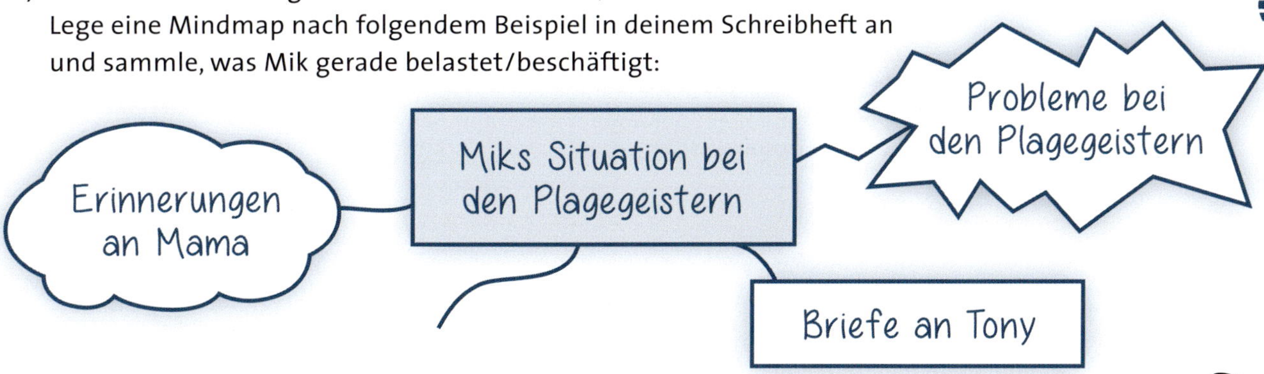

____ Der blaue Zug | S. 228–235

Wer tritt auf: ______________________________

Wo spielt die Handlung: ______________________________

Was geschieht: ______________________________

____

____

Wichtige Beobachtung: ______________________________

____

Aufgabe

a) Bearbeite nach dem Lesen die Übersicht zu diesem Kapitel.

b) Überlege, warum Louise Mik auspeitscht. Welche Gedanken könnten sie beschäftigen?

____

____

____

c) Sammle die guten Gründe, weshalb Miks Flucht verständlich ist.

____

____

____

____

____

d) Mik ist fest davon überzeugt, dass er durch seine Flucht frei ist und niemand mehr über ihn bestimmen darf. Erkläre, warum diese Hoffnung sich nicht erfüllen kann. Notiere in Stichpunkten, was dagegen spricht.

____

____

____

____

Schülerarbeitsheft – *Ihr kriegt mich nicht!* | Krapp & Gutknecht Verlag (2022)

____ Der Keksdieb | S. 235–240

Wer tritt auf: ______

Wo spielt die Handlung: ______

Was geschieht: ______

______

______

Wichtige Beobachtung: ______

______

Aufgabe

a) Lies das Kapitel und halte deine Ergebnisse zu den Fragen in der Übersicht fest.

b) Mik kann nicht mehr in das alte Zuhause und vieles hat sich verändert. Notiere, was er alles feststellen muss.

______

______

______

c) Mik stiehlt im ICA-Markt. Doch er bekommt schließlich doch alles geschenkt. Wie erklärst du dir das?

______

______

______

d) Mik vergleicht die Polizisten mit den Tengilmännern in *Die Brüder Löwenherz*. Lies dir dazu die Information im Downloadbereich durch. Das Katlazeichen zeigt einen Drachen. Zeichne dieses:

_____ Aus dem Grab | S. 240–245

Wer tritt auf: ______________________

Wo spielt die Handlung: ______________________

Was geschieht: ______________________

____

____

Wichtige Beobachtung: ______________________

____

Aufgabe

a) Bearbeite nach dem Lesen des Kapitels zunächst die W-Fragen.

b) Kreuze die richtigen Aussagen an:

- ☐ Er schlief in einer Zelle bei der Polizei.
- ☐ Damit er nicht fliehen konnte, verschlossen die Polizisten die Zelle.
- ☐ Am nächsten Morgen wurde er von der Papageienfrau zurückgefahren.
- ☐ Sie versprach, mit den Plagegeistern zu reden.
- ☐ Mik nahm sich das Handy aus der Tasche der Papageienfrau.
- ☐ Niklas hatte eine Taube erschossen und in das Grab geworfen.
- ☐ Mik warf den Spaten weg und floh in den Wald.
- ☐ Gustavssons Hund hörte nun auf Mik und machte ihm keine Angst mehr.
- ☐ Lena nahm Mik in die Arme.

c) Lies die Informationen zu Gesetzesverstößen im Downloadbereich und ergänze das **Arbeitsblatt.**

SCHREIBAUFGABE 9 – Miks Brief an Tony

Lies Seite 239, Zeile 5 bis Seite 241, Zeile 1 nochmals genau nach.

Aufgabe

Am nächsten Morgen saß Mik in seiner Zelle und dachte nach. Sein Schlüssel passte nicht mehr? Warum? Was war geschehen? Und er wusste, er musste vermutlich wieder zurück zu den Plagegeistern. Er musste unbedingt Tony verständigen! Wie sonst sollte dieser wissen, dass Mik Hilfe brauchte?! Er konnte nicht dorthin zurück! Das würde er nicht aushalten!!

Also bat er den Polizisten, der wie Veder aussah, um Papier und Stift, um etwas schreiben zu können. Sicherlich gab man ihm auch ein Kuvert, damit er diesen Brief an Tony schicken konnte. *(Textstelle verändert)*

Schreibe Miks Brief an Tony. Erstelle dazu zunächst wieder eine Mindmap.

Achtung: Bedenke, dass dies nicht der erste Brief an Tony ist. Er weiß schon einiges.

Figurenkonstellation zum vierten Teil – Die Plagegeister

➲ **Aufgabe** Ergänze die Figurenkonstellation.

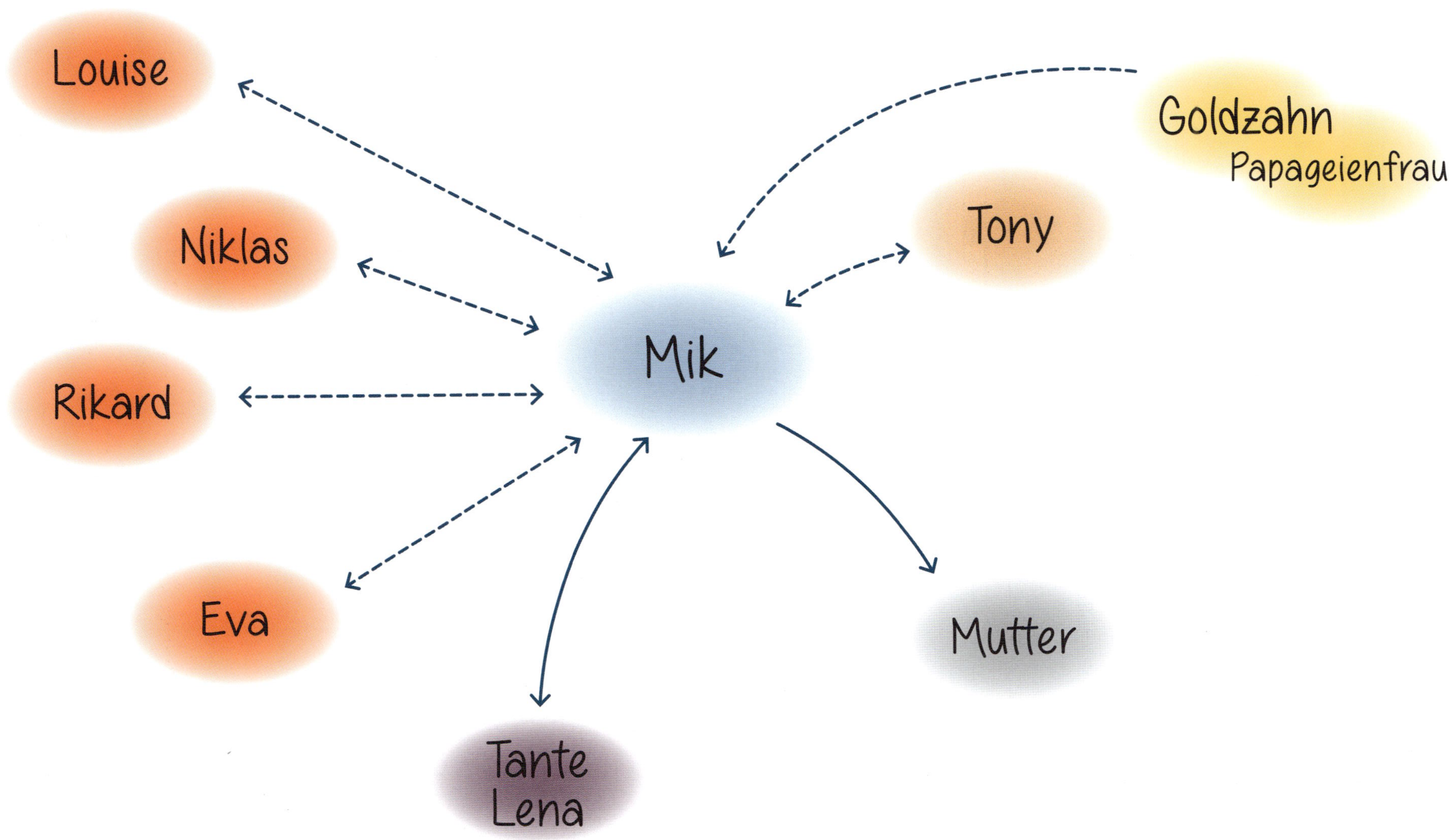

Fünfter Teil – Das Floß (S. 247–332)

_____ Ein Held | S. 249–259

Wer tritt auf: ______________________________

Wo spielt die Handlung: ______________________________

Was geschieht: ______________________________

____

____

Wichtige Beobachtung: ______________________________

____

Aufgabe

a) Lies das Kapitel aufmerksam durch, um in Stichpunkten oben antworten zu können.
b) Mik muss den Freunden ganz genau berichten, wie es ihm bei den Plagegeistern ging und wie er geflohen ist. Diese Berichte verändern Mik. Erkläre, was so neu für Mik ist.
c) Da Mik nicht schwimmen kann, versucht Pi ihm dies beizubringen.
Notiere die Stufen des Schwimmtrainings, das Mik dabei durchläuft.

____

____

d) Mik stellt beim Training fest, dass er nach Hause gekommen ist und ruhig wird.
Erkläre, was er damit meint.

____

____

SCHREIBAUFGABE 10 – Pi macht sich Gedanken

Lies die Seiten 258, Zeile 25 bis zum Ende des Kapitels nochmals genau.

Aufgabe

Zur gleichen Zeit sitzt auch Pi in ihrem Zimmer und denkt über die jüngsten Ereignisse nach. Mik ist wieder da! Er muss schwimmen lernen. Vieles geht Pi durch den Kopf. Die Zeit als Mik weg war, die Zeit davor ... so viel ist geschehen! Sie macht sich auch Gedanken darüber, was Mik alles durchmachen musste. *(Textstelle verändert)*

Pi vertraut sich ihrem Tagebuch an. Schreibe diesen Tagebucheintrag.
Erstelle dazu zunächst wieder eine Mindmap.

____ Das Floß ist bereit | S. 260–266

Wer tritt auf: ______

Wo spielt die Handlung: ______

Was geschieht: ______

Wichtige Beobachtung: ______

Aufgabe

a) Bearbeite nach dem Lesen die W-Fragen.

b) Beschreibe, wie Miks Schwimmtraining weitergeht.

c) Warum ist es Pi so wichtig, dass Mik schwimmen kann?

d) Mache eine Gepäckliste, was sie alles mit aufs Floß nehmen.

______ Der Paragraf | S. 266–276

Wer tritt auf: ______________________________

Wo spielt die Handlung: ______________________________

Was geschieht: ______________________________

____

____

Wichtige Beobachtung: ______________________________

____

Aufgabe

a) Beantworte nach dem Lesen zunächst wieder die W-Fragen zum Kapitel.

b) Nachdem Mik im Fernsehen war, dauert es nicht lange, bis sich die Papageienfrau bei Tante Lena meldet. Was muss Lena alles tun, damit Mik bei ihr wohnen darf?

____

____

____

c) Mik und Bengt sprechen über ihre Brüder. Wie stehen sie zu ihnen?

Mik – Mein Bruder …

Mein Bruder … – Bengt

SCHREIBAUFGABE 11 – Miks Tagebucheintrag

Der Paragraf

Mik ist von seiner Pflegefamilie wieder zu Tante Lena nach Selet geflüchtet. Mit seinen Freunden Pi, Oskar und Filip hat er ein Floß gebaut, damit sie ausreißen können, sobald Mik schwimmen kann. An einem Abend sitzt er bei Bengt und sieht mit ihm fern, als er sich selbst übergroß in den Nachrichten sieht.

Lies Seite 267, Zeile 12 bis Seite 269, Zeile 19 nochmals gründlich durch.

Aufgabe

Zu Hause bei Lena angekommen, ist Mik sehr aufgewühlt und durcheinander. Versetze dich in seine Lage und seine Gefühle und schreibe aus Miks Sicht einen Tagebucheintrag. Bedenke dabei, welche Pläne er mit Pi und den anderen hat. *(Textstelle verändert)*

Schreibe diesen Tagebucheintrag. Erstelle dazu zunächst eine Mindmap.

____ Jetzt sind sie da | S. 276–279

Wer tritt auf: ______________________________

Wo spielt die Handlung: ______________________________

Was geschieht: ______________________________

____

____

Wichtige Beobachtung: ______________________________

____

➲ Aufgabe

a) Lies das Kapitel und ergänze die Übersicht.

b) Das Schwimmtraining hat sich nun verschärft. Beschreibe die neue Trainingsmethode.

____

____

____

c) Mik verfällt in Panik, als er das Auto sieht. Woran erkennt man dies?
Notiere eine passende Passage aus der Lektüre.

____

____

____

____

d) Mik denkt hier seit langem wieder mal an die Einsamkeitsschlange: Überlege, warum sich diese nun bei ihm rührt. Bearbeite dazu das Arbeitsblatt auf **Seite 59**.

e) Ergänze die Figurenseiten von Tante Lena und Pi (**Seite 62** und **63**) weiter.

____ Der Paragraf fliegt | S. 280–284

Wer tritt auf: ____________________

Wo spielt die Handlung: ____________________

Was geschieht: ____________________

____

____

Wichtige Beobachtung: ____________________

____

Aufgabe

a) Ergänze die Übersicht nach dem Lesen.

b) Die Freunde fliehen gemeinsam und halten zusammen. Was genau tun die Freunde für Mik?

____

____

____

____

c) Mik stellt sich den Paragrafen als Monster vor. Male dieses Monster.

d) Sicherlich macht sich Tante Lena Gedanken, während Mik auf der Flucht ist. Notiere ihre Gedanken und Sorgen:

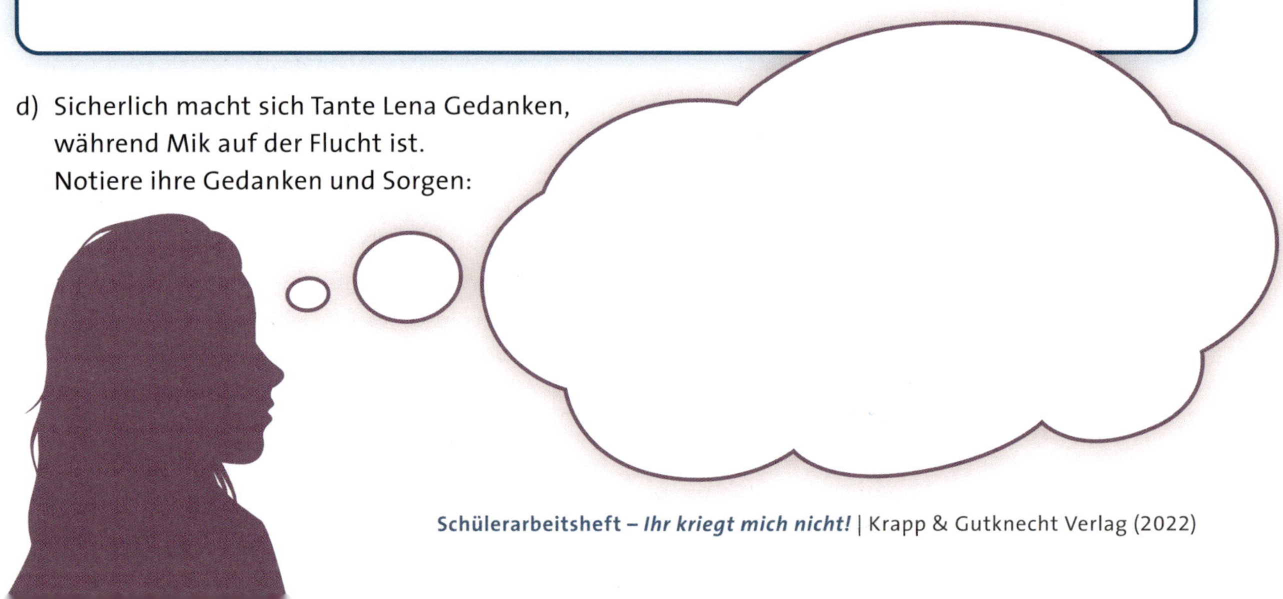

____ Nur noch Erbsen übrig | S. 285–292

Wer tritt auf: ______________________________

Wo spielt die Handlung: ______________________________

Was geschieht: ______________________________

____

____

Wichtige Beobachtung: ______________________________

____

Aufgabe

a) Lies das Kapitel gründlich durch und beantworte die W-Fragen.

b) Zeichne ein Daumenkino, bei dem am Ende nur noch Erbsen als Proviant übrig sind. Alternativ kannst du auch einen Comic zeichnen.

c) Ergänze den Lückentext:

Die Floßbesatzung arbeitet verbissen und bewegt sich auf die ______________________ zu. Das Floß wird dabei immer ______________ und Pi rät Mik, sich gut ______________________, da er noch nicht ______________ kann. Die Stromschnellen richten großen Schaden an und so zerbrechen die ______________ des Zeltes. Oskar verliert dabei sein ______________. Leider verlieren die Freunde auch fast den ganzen Proviant. Es sind nur noch ______________ ________ und ______________ übrig. Mik und Pi versuchen deshalb, __________ zu angeln, doch Mik ist nicht sehr erfolgreich und angelt nur einen ______________. In der Nacht schreit ein großer __________, weshalb Mik bis zum Morgen __________ bleibt.

d) Recherchiere ein Rezept für ein leckeres Erbsengericht.

_____ Die Karmaschlange | S. 293–303

Wer tritt auf: ____________________

Wo spielt die Handlung: ____________________

Was geschieht: ____________________

____

____

Wichtige Beobachtung: ____________________

____

Aufgabe

a) Lies zunächst, wie es den Freunden in diesem Kapitel ergeht, und beantworte die W-Fragen.

b) Die Situation auf dem Floß ist angespannt. Notiere, was die Freunde sagen und was Mik denkt.

	Äußerungen der Freunde	Miks Gedanken dazu
Pi	*Morgen kommen wir …*	*Ich ziehe die Stromschnellen vor …*
Filip		
Oskar		

c) Mik schwimmt – wie kommt es dazu?

____

____

____

d) Die Freunde beschließen, nach Hause zu gehen.
Was bedeutet das für Mik, aber auch für seine Freunde?

Für Mik: ____________________

____

Für seine Freunde: ____________________

____

____ Der Herbst | S. 303–314

Wer tritt auf: ______________________________

Wo spielt die Handlung: ______________________________

Was geschieht: ______________________________

____

____

Wichtige Beobachtung: ______________________________

____

Aufgabe

a) Ergänze die Übersicht nach dem Lesen.

b) Überlege dir, was Bengt zu den Bewohnern von Selet gesagt haben könnte, damit sie unterschreiben.

____

____

____

____

____

Bengt

c) Lies dir das Wiedersehen mit Tony genau durch und ergänze nun seine Figurenseite weiter.

d) Was meint Tony damit, dass er noch eine Weile da wohnen bleiben muss, wo er gerade wohnt?

____

____

____

e) Mik sieht nach dem Abschied von Tony eine Sperbereule im Baum bei Tante Lena.
In der Geschichte wird mehrfach die Sperbereule thematisiert. Male eine Sperbereule und schreibe in ihre Schwungfedern, was sie für Mik in den einzelnen Situationen bedeutet.

____ Der Brief | S. 314–319

Wer tritt auf: ________________________________

Wo spielt die Handlung: ________________________________

Was geschieht: ________________________________

____

____

Wichtige Beobachtung: ________________________________

____

Aufgabe

a) Lies dir das Kapitel gründlich durch und ergänze die Angaben zum Kapitel.

b) Bengt möchte nicht im ICA-Markt einkaufen, wie löst er dieses Problem?

____

____

c) Warum möchte Bengt seinen Bruder Bertil retten?

____

____

____

d) *Nicht gut genug!* Das steht in dem Brief an Lena. Überlege, was Mik in dieser Situation alles durch den Kopf geht:

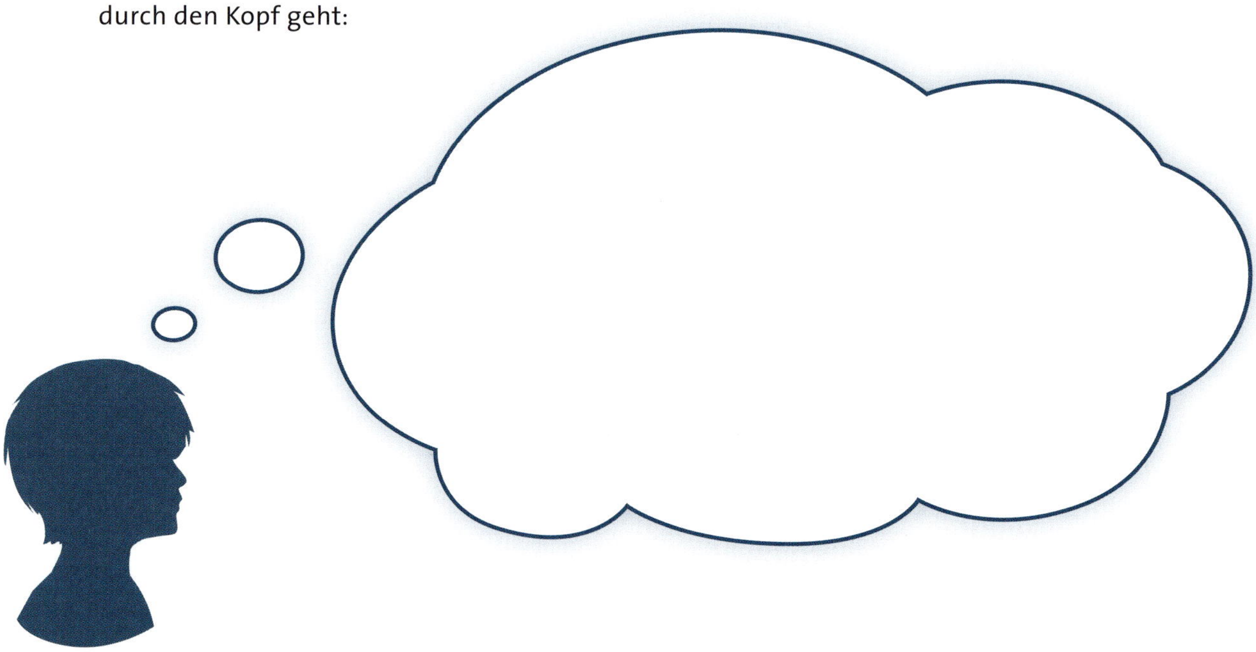

____ Rosa Raupen rudern | S. 319–324

Wer tritt auf: ______________________________

Wo spielt die Handlung: ______________________________

Was geschieht: ______________________________

____

____

Wichtige Beobachtung: ______________________________

____

Aufgabe

a) Beantworte die W-Fragen nach dem Lesen.

b) Das Jugendamt und die Polizei kommen in die Schule, um Mik abzuholen. Lies dir die Informationen zur Inobhutnahme durch. Warum kommen die Beamten in die Schule und nicht zu Lena?

____

____

c) Tausche dich mit einer Partnerin/einem Partner aus, wie ihr das Verhalten der Lehrerin bewertet.

____

____

d) Auf Seite 323 in der Lektüre sagt Mik den Satz, der auch der Titel des Romans ist und scheint hier wild entschlossen. Trage diesen Satz auf die Linie ein. Tausche dich mit deiner Partnerin/deinem Partner aus, was ihn so entschlossen macht und welche Möglichkeiten Mik tatsächlich hat.

„» ______________________________ «“ (S. 323, Z. 13)

Gründe für Miks Entschlossenheit	Miks Möglichkeiten in dieser Situation

e) Mik flieht auf das Eis. Welche Gefahren bestehen hier für ihn?

____

____

____ Ein Schwert aus Eis | S. 324–332

Wer tritt auf: ______________________

Wo spielt die Handlung: ______________________

Was geschieht: ______________________

____

____

Wichtige Beobachtung: ______________________

____

Aufgabe

a) Lies zunächst bis Seite 330, Zeile 15.

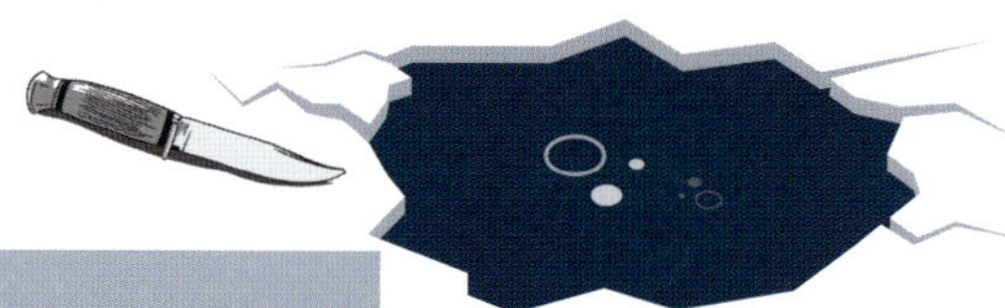

SCHREIBAUFGABE 12 – Reportage

Der Reporter vom Kurier interviewt Goldzahn und die Papageienfrau, um über die Vorkommnisse zu berichten. Schreibe diese Reportage, mit welcher der Reporter für den Kurier live aus Selet berichtet. Überlege dir auch eine geeignete Schlagzeile als Überschrift.

b) Lies das Kapitel fertig und beantworte die W-Fragen.

c) Mik bricht ein und wird unter die Eisfläche gezogen. Notiere, welche Gedanken die Zuschauer haben könnten:

Bengt	Tante Lena	Papageienfrau	Goldzahn
Pi	Lehrerin	Reporter	Polizist

SCHREIBAUFGABE 13 – Mik schreibt Tony einen Brief

Mik hätte seine Flucht vor der Papageienfrau und dem Goldzahn beinahe mit dem Leben bezahlt. Nach Bengts erfolgreicher Rettungsaktion auf dem Eis darf Mik nun aber erst einmal bei Lena wohnen bleiben. Stelle dir vor, Mik wohnt nun schon zwei Wochen bei Lena und schreibt einen Brief an Tony, in dem er zum Beispiel berichtet, *(Textstelle verändert)*

- … was passiert ist,
- … wie es ihm geht,
- … wie er seine Erfahrungen verarbeitet,
- … welche Konsequenzen er daraus zieht,
- … was er sich für seine und Tonys Zukunft wünscht.

Schreibe diesen Brief an Tony aus der Sicht von Mik. Erstelle dazu zunächst eine Mindmap.

Figurenkonstellation zum fünften Teil – Das Floß

➲ **Aufgabe** Ergänze die Figurenkonstellation.

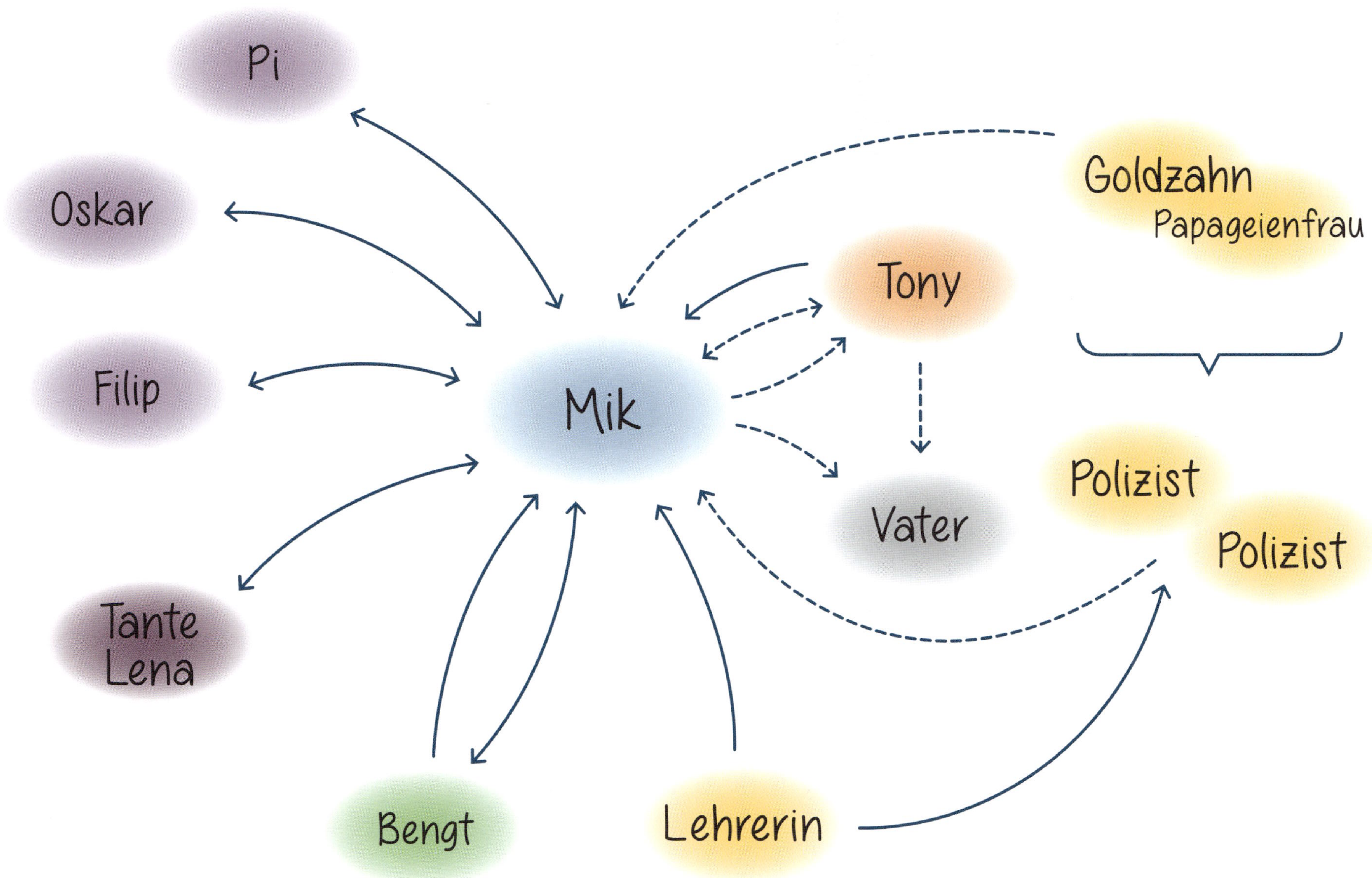

Die Handlung im Überblick

Wichtige Ereignisse im Buch

Tipp

1. Mache dir bei wichtigen Ereignissen ein Eselsohr oben an die Seite in deiner Lektüre, damit du diese Stelle schnell wiederfindest.
2. Auf dieses Eselsohr schreibst du ein passendes Stichwort. Das ersetzt ein Fähnchen im Buch, das nicht mehr erlaubt ist, um in Büchern etwas zu kennzeichnen.
3. Ist die Fundstelle selbst weiter unten im Text, mache dir dort an den Rand eine Kennzeichnung oder eine kleine Notiz (einen Strich, ein Ausrufezeichen, eine farbige Markierung oder auch einen kleinen Kommentar).

Miks Bauchschmerzen		Miks Familie/Pflegefamilie*		Ereignisse in Selet	
Schlange 1	S. 15	Vater = Spaten	S. 28	Tante Lena	S. 73 f.
Schlange 2	S. 23	Vaters Sucht	S. 183	Lena + Weihnachten	S. 152
Schlange 3	S. 29	Gemein zu Vater?	S. 190	Lena + das Amt	S. 318
Schlange 4	S. 43				
Schlange 5	S. 53	Zombie	S. 11	Strömungsbrunnen	S. 125
Schlange 6	S. 59	Zombie	dritter Teil	Strömungsbrunnen	S. 324
Schlange 7	S. 152			Strömungsbrunnen	S. 327
Schlange 8	S. 301	Miks Familienname	S. 188	Messer	S. 125
		*Mik in der Hölle	S. 204	Messer verloren	S. 330
Das Sozialamt		*Mik pinkelt (Hunde)	S. 208	Mik + Schwimmen	S. 37
Papagei 1	S. 45	*Mik pinkelt (Dose)	S. 226	Mik + Schwimmen	S. 253
Papagei 2	S. 57			Miks Schwimmkurs	S. 257 f.
Papagei 3	S. 164	Tony	S. 18	Miks Schwimmtraining	S. 276
Papagei 4	S. 170	Tony + die Polizei	S. 56	Mik schwimmt	S. 301
Papagei 5	S. 191	Tony wütend	S. 176	Die Flucht	S. 280 ff.
Papagei 6	S. 195	Tony nicht zuhause	S. 179		
Papagei 7	S. 278	Tony schlägt Mik	S. 186	Pi	S. 69
Papagei 8	S. 320 ff.	Tony Wiedersehen	S. 307	Ohrläppchen	S. 93
		Tony + Briefe	S. 311	Katzenfabrik	S. 113
				Katzenfabrik AUS	S. 167
				Geschenke für Mik	S. 154

TIPP
Lege dir vorne im Buchumschlag innen ein Stichwortverzeichnis an mit Seitenzahlen aus diesen Vorschlägen.

Natürlich kannst du dir auch eigene Stellen kennzeichnen, um dich besser zurechtzufinden.

Probleme und Folgen in Miks Familie

➲ **Aufgabe**

Miks Familie hat es nicht einfach, vieles ist schwierig.
Sammle hier die Informationen zu ihm und seiner Familie:

Folgen für Mik: ______________________

____

____

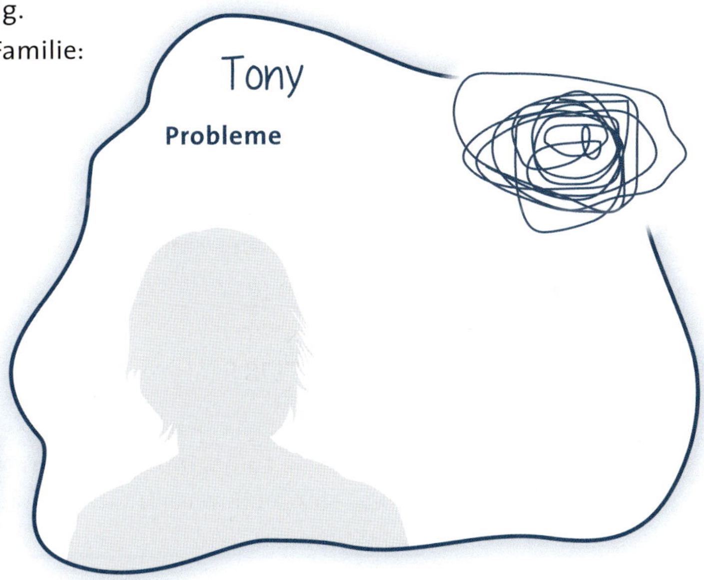

Folgen für Tony: ______________________

____

Folgen für Mik: ______________________

____

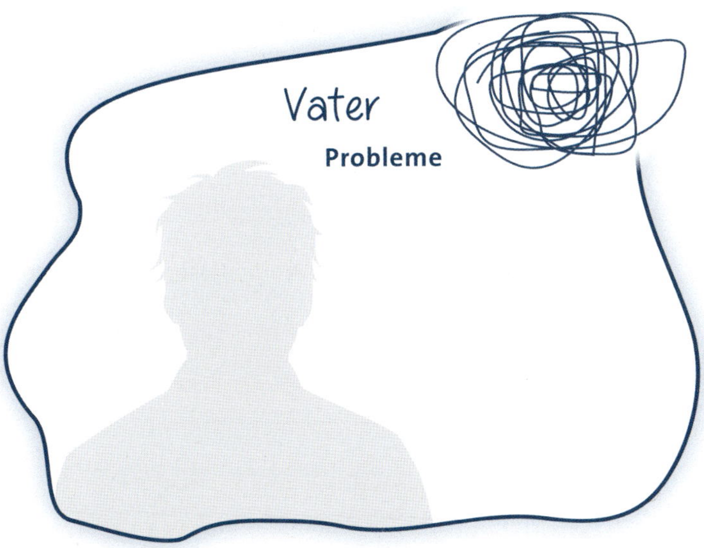

Folgen für Vater: ______________________

____

Folgen für Mik: ______________________

____

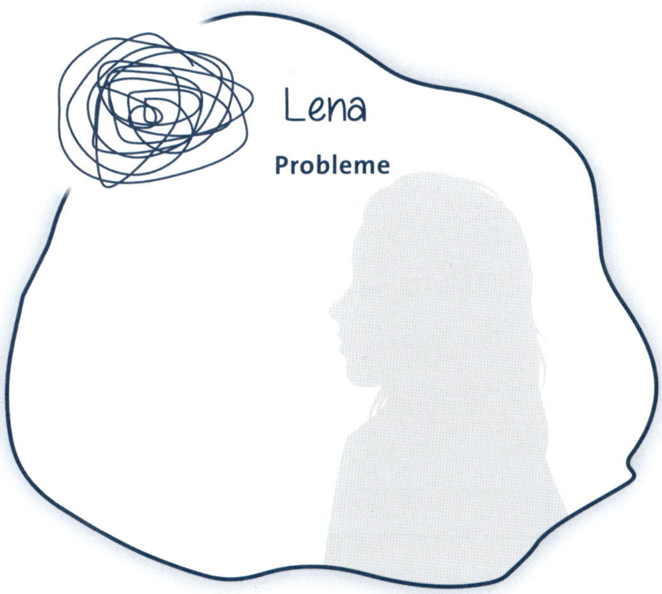

Folgen für Lena: ______________________

____

Folgen für Mik: ______________________

____

Miks Leben in verschiedenen Haushalten

➲ Aufgabe

Mik ist im Laufe des Buches in verschiedenen Haushalten untergebracht. Stelle seine Stationen in Bildern oder Comics dar:

1. Teil **Mik mit Tony und Vater**
2. Teil **Mik bei Tante Lena**
3. Teil **Mik zurück bei Vater**
4. Teil **Mik bei den Plagegeistern**
5. Teil **Mik zurück bei Tante Lena**

Miks Entwicklung

➲ Aufgabe

Überlege dir, wie Mik zu Beginn der Lektüre war und durch was bzw. wen er sich entwickelt hat. Zeige auch, was sich an ihm verändert hat:

Mik am Anfang der Lektüre

Aussehen: ______________________

Verhalten: ______________________

____

Charaktereigenschaften: ______________________

____

Ängste: ______________________

____

Mik am Ende der Lektüre

Aussehen: ______________________

Verhalten: ______________________

____

Charaktereigenschaften: ______________________

____

Ängste: ______________________

____

Das Leitmotiv – die Schlange Einsamkeit

Wenn Mik Kummer hat, spürt er die Einsamkeitsschlange in seinem Bauch.

➲ Aufgabe

a) Suche drei Textstellen heraus, in denen von der Schlange die Rede ist und notiere sie dir auf den Zetteln. Ein Beispiel, wie Mik sie im zweiten Kapitel beschreibt, findest du auf Seite 23, Zeile 5.

(S. 23, Z. 5)

b) Unterstreiche in jeder Textstelle die wesentlichen Begriffe in deiner Lektüre und kennzeichne diese Stelle am Rand mit der Aufschrift „Schlange“.

c) Wie sieht die Schlange Einsamkeit aus? Beschreibe oder zeichne sie.

d) Erkläre die Bedeutung der Schlange in den verschiedenen Textstellen.

e) Führe diese Sammlung für das ganze Buch weiter und notiere dir alle Textstellen, in denen die Schlange erwähnt wird.

Figuren und deren Beziehungen

Aufgabe

Fülle die Figurenseiten aus. Male passende Bilder in die Kästen oder suche in Zeitschriften ein geeignetes Bild und klebe es ein. Manches wirst du erst nach und nach eintragen können, weil es erst beim weiteren Lesen später im Buch auftaucht. Warte einfach solange damit, bis du beim Lesen die Information findest, die du dazu brauchst.

Mik

Name

Aussehen

Adressen und Wohnorte

Familie

Schule

Besondere Charaktereigenschaften

Sonstiges

Tony

Name

Aussehen

Adressen und Wohnorte

Familie

Schule/Beruf

Besondere Charaktereigenschaften

Sonstiges

Entwicklung der Beziehung zu Mik:

Lena

Name

Aussehen

Adressen und Wohnorte

Familie

Beruf

Besondere Charaktereigenschaften

Sonstiges

Entwicklung der Beziehung zu Mik:

Pi

Name

Aussehen

Adressen und Wohnorte

Familie

Schule

Besondere Charaktereigenschaften

Sonstiges

Entwicklung der Beziehung zu Mik:

Schauplatz Schweden

Landkarte Schweden

Aufgabe

Trage Miks mögliche Reiseroute in die Karte ein.

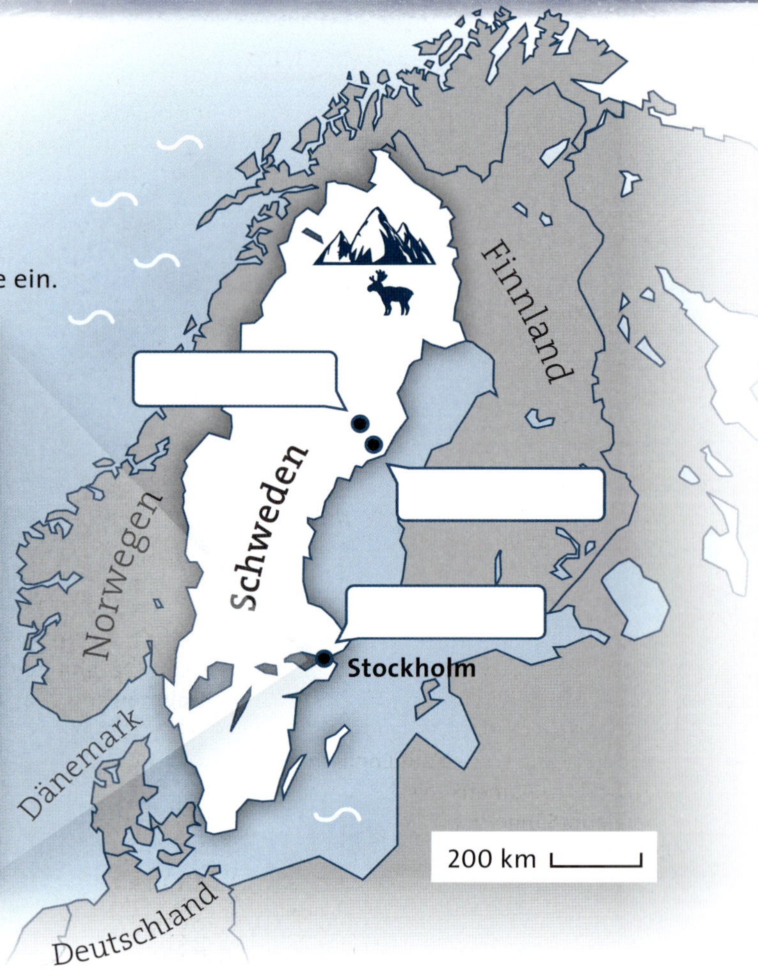

Tag und Nacht in Schweden

Information

Im Sommer ...
sind die Tage sehr lang und die Sonne geht erst spät unter – im Norden teilweise überhaupt nicht. Nördlich des Polarkreises scheint sie durchgehend. Auch weiter im Süden ist am nächtlichen Himmel ein heller Streifen am Horizont zu sehen.

Im nordschwedischen Umeå, wo Mik in den Bus zu seiner Tante umsteigt, geht der längste Tag des Jahres 20 Stunden und 49 Minuten. In seiner Heimat Stockholm sind es 18:34.

Im Winter ...
zeigt sich die Sonne dafür kaum. Selbst in Mittelschweden nur für wenige Stunden.

Im Norden gibt es Tage, an denen gar keine Sonne scheint. Komplett dunkel ist es aber trotzdem nicht: Das Mondlicht und die Beleuchtung von Städten werden vom Schnee reflektiert.

Der kürzeste Tag des Jahres geht in Umeå 4 Stunden und 17 Minuten, in Stockholm immerhin 06:03.

Aufgabe

Recherchiere zum Vergleich (z. B. auf https://www.sunrise-and-sunset.com/) jeweils die Tageslänge am längsten und am kürzesten Tag des Jahres 2021.

a)

Hamburg	
21. Juni	Stunden
21. Dezember	Stunden

b)

München	
21. Juni	Stunden
21. Dezember	Stunden